UNIVERSITÉ

DE FRANCE.

ACADÉMIE

DE DIJON.

FACULTÉ DE DROIT.

THÈSE
POUR LE DOCTORAT,

Soutenue le 26 Janvier 1850,

PAR

ANNE-ETIENNE-JULES DROMARD, NÉ A BESANÇON (**Doubs**),

SOUS LA

PRÉSIDENCE DE M. MORELOT, DOYEN.

BESANÇON,

IMPRIMERIE DE SAINTE-AGATHE AINÉ, GRANDE-RUE, 42.

—

1850.

A la Mémoire de mon Père,

A ma Mère,

A mes Frères et à mes Soeurs.

JUS ROMANUM.

Qui potiores in pignore vel hypothecâ habeantur.

(D. XX, 4; C VIII, 18.)

Quùm pluribus creditoribus res eadem pignori fuerit obligata, multùm interest qui potiores habeantur.

Etenim ille creditor qui præfertur, jus habet rem à posteriore creditore exigendi, aut sine illius auctoritate alienandi, et debitum totum suum in pretio pignoris consequendi, etsi nihil cæteris creditoribus superesset.

Posterior contrà, nec validè pignus alienare, nec priorem ad venditionem cogere potest. Sed quod ex pretio superest petendi, priore creditore amoto, tantummodò jus illi confertur.

Duæ regulæ præsertim sunt observandæ : qui prior est tempore, potior est jure ; qui concurrunt tempore, concurrunt jure.

Is prior est cum quo priùs convenit ut res sibi obligata esset ; nihilque refert utrùm purè an sub conditione credatur, dummodò ea conditio sit quæ invito debitore impleri possit. Nec dubium quin, quod de conditione dicimus, etiàm longè magis obtineat, si pro debito in diem pignus constitum sit. Quod si ex adverso ea obligationis cui dies aut conditio adjecta est, natura sit, ut invito debitore nasci nequeat, contrà dicendum est eum potiorem esse, cui pignus pro debito purè constitutum est, antequàm conditio prioris obligationis exstiterit ; quoties enim debitorem pecuniam

quam sub conditione stipulatus est non accipere penès fuit, tempus nu-
meratæ pecuniæ inspiciendum est.

Neque interest, quantùm ad hanc regulam, quâ prior tempore potior
est jure, utrùm conventionalis sit hypotheca, an legalis. Sed et in pignore
judiciali temporis prærogativa servatur, sive quæstio sit cum aliis, quibus
posteà idem judiciale pignus quæsitum fuit, sive alterius generis pignus
recentiùs constitum fuerit.

Deniquè in generali quoque hypothecâ regulæ locus est, ut nempè
generalem habens anteriorem præferatur habenti tùm generalem posteriorem, tùm specialem posteriorem ; neque enim minùs generali conven-
tione res singulæ obligantur, quàm si de singulis specialiter conventum
esset.

Si pluribus simul res eadem obligata sit, æquale omnium jus est ; qui
enim concurrunt tempore, concurrunt jure ; et pro quantitate debiti res
inter eos separatur.

Non autem qui nominis sui partem vendidit cum emptore concurrit,
sed prior remanet, quia verisimile est id actum ut jus pignoris primùm ad
venditorem pertineat.

Illud quoque observandum est, quod ex scripturâ privatâ nemo tempore
prior cæteris probari potest nisi, Leonis imperatoris jussa secutus, trium
integræ opinionis virorum suscriptiones acceperit. Publicas enim aut quasi
publicè confectas tabulas voluit imperator cæteris omnibus anteponi,
quamvis tempore fuerint posteriores.

Potior adhuc est is qui in suum locum succedit. Quamvis enim, nova-
tione debiti principalis interpositâ, vinculum pignoris ipso jure evanescat,
cùm autem à creditore ita novatio fit, ut pignori quod jàm habet pignus
aliud accedat, id videtur actum ut non tantùm pignus primum sibi maneat,
sed ut cum suâ causâ ac prærogativâ temporis pignus sibi utile sit.

Prærogativâ temporis gaudent inter se et creditores hypothecam pri-
vilegiatam habentes, et rectè : quia privilegiarius contra privilegiarium
non utitur suo privilegio, ideòque manet inter eos differentia temporis,
cujus ratione prior præfertur. Verùm ab hâc regulâ excipiuntur aliquot
creditores firmiùs et potentiùs privilegium habentes, veluti qui ad rem
reficiendam, emendam vel conservandam crediderunt. Quod autem hi
pæferantur habentibus hypothecam priorem summa ratio est, quia eorum

pecunia totum pignus salvum fecit. Dico si specialiter sibi de pignore illo caverint pro mutuatæ pecuniæ solutione, quia si non expressè pacti fuerint, tantùm haberent inter personales creditores privilegium, non verò tacitam hypothecam, nisi lex illis nominatim jus hypothecæ tacitæ concessisset.

Planè qui in causam pietatis impendunt, ut si in morbum, funus, exequias crediderint, anterioribus hypothecariis præferuntur.

Item mulier potior est quamvis posterior, sed tantùm in repetitione dotis et dotis augmenti. Illud autem privilegium dotis non ad extraneos mulieris hæredes, sed tantùm ad filios producitur.

Prætereà is ex cujus pecuniâ militia marito empta est, mulieri etiam pro dote suâ agenti præfertur, eo quod militia marito empta ad decus et commodum utriusque conjugis spectet. In omnibus verò aliis casibus creditores alii mulieri cedere debent.

Alia sunt prorsùs privilegia quæ ad personam tantummodò pertinent, nec jus hypothecæ complectuntur, qualia obtinent fiscus et respublica.

Post hypothecarios creditores chirographarii sequuntur, inter quos etiam privilegiati non privilegiatis, et magis privilegiati minùs privilegiatis præferuntur ; indè regula : Privilegia non ex tempore æstimantur, sed ex causâ ; et si ejusdem tituli fuerint, concurrunt, licet diversitas temporis in his fuerit (1).

Cæterùm chirographariorum privilegia vigent tantùm adversus eos, qui necdùm debita exegerunt ; nam qui debitum consecuti sunt, etsi non sint privilegiati, nihil privilegiatis restituunt ; neque enim per privilegium bona debitorum sunt affecta, sicut per hypothecam.

De his qui in priorum creditorum locum succedunt.

(D. XX, 4 ; C. VIII, 19.)

Diximus de his qui suo jure sunt potiores in pignore ; nunc videamus de his qui in locum priorum creditorum succedunt. Id pluribus modis

(1) L. 32, D. de reb. auct. jud. possid.

fieri potest, sive nobis jus suum creditor cesserit, aut si mutuam pecuniam debitori, pacto illi succedendi convento , dederimus; aut si præsertim jus offerendæ pecuniæ exerceatur, et quo illi posteriores priori creditori satisfaciendo, id est debitam pecuniam offerendo, in ejus locum succedant.

Offerendæ pecuniæ jus sine ullo debitoris consensu exercetur. In solam posterioris creditoris utilitatem constituitur, qui, anteriore amoto, prior fit et validè pignus alienare potest, seu prohibere quin venditionem ipsi obnoxiam prior creditor efficiat. Jus illud ei competit qui priori creditori debitoris nomine pecuniam unà cum usuris solverit, aut, si ille pecuniam accipere noluerit, eamdem oblatam deposuerit, nec in usus suos converterit.

Planè cùm tertius debitori pecuniam crediderit solvendam priori creditori, in locum ejus substituitur, sed pro illà tantùm pecuniâ quam crediderit et soluta erit priori. Verùm si tertius primum creditorem, judicio quod de pignore accepit, vicerit, non ideò potior erit secundo, quia res inter alios judicata, aliis nec prodesse nec nocere solet.

Qui legitimè in jus primi creditoris succedit, omni ejus jure et privilegio fruitur, adeò ut creditoribus aliis præferatur, et contra eos qui inferiores fuerunt jure se tueatur, quemadmodùm primus creditor potior esset , seque tueri posset, si pignus retinuisset.

Si antiquior creditor pignus vendiderit.

(C. VIII, 20.)

Eò quod, sicut dictum est, antiquior creditor posteriori præferatur, sequitur ut jus pignoris vendendi potissimùm priori creditori competat. Undè quominùs hoc jus creditor exerceat, nullo modo impediri potest neque à debitore, neque à posteriore creditore , nisi sibi debitum offeratur.

Itaque si prior creditor rem sibi pignoratam vendiderit, emptorem debitor non potest inquietare, quamvis emptori pretium vel creditori debitum offerat. Item creditori posteriori actio hypothccaria superesse non potest adversùs emptorem, ut pignus recuperet.

Cæterùm ubi bonâ fide, justoque pretio venditio pignoris factà est, sera nimis et intempestiva est per debitorem pretii oblatio ; neque enim injuriam facit qui jure utitur, nam si ita res non essent, creditor difficillimè emptorem invenisset.

Quod si prior creditor secundo creditori vendidisset, superesset tertio jus offerendi secundo debitum. Etenim ab extraneo emptio facta est, ut rei dominium acquireret, quod ipsi non debet eripi. Secundus autem emit non tàm acquirendi dominii, quàm pignoris servandi causâ, quod salvum erit, si tertius creditor ei debitum offerat.

Cæterùm si debitor ipse rem ipsi priori creditori in solutum dederit, posteriori persecutio hypothecaria non magis adempta est, quàm si extraneo res vendita esset ; et manet illi jus offerendi contrà priorem debitorem. Ille enim creditor rem in solutum, servandi tantùm pignoris gratiâ, accepit.

DROIT FRANÇAIS.

DROIT CIVIL.

DES PRIVILÉGES ET HYPOTHÈQUES AU POINT DE VUE DU DROIT DE PRÉFÉRENCE.

NOTIONS PRÉLIMINAIRES.

La législation hypothécaire intéresse à un haut degré l'industrie, l'agriculture et le commerce; elle se lie intimement aux premiers besoins de la société. On comprend dès lors que ses règles aient varié suivant les temps, que son importance et ses complications se soient accrues en même temps que les transactions se multipliaient, et que la circulation des biens augmentait dans une grande proportion.

La diversité des vues sur les matières économiques devait, d'un autre côté, produire des systèmes tout à fait opposés les uns aux autres ; à tel point que, de nos jours, il a plu à quelques novateurs de contester la légitimité même des priviléges et hypothèques, comme de droits attentatoires à la morale et au crédit public ; école spéculative, qui veut tout reconstituer à neuf, la famille, la propriété, toutes les relations de la vie sociale ! Mais qui ne voit que ces vœux portent directement contre le droit de propriété lui-même, et qu'ils tendent à en diminuer la plénitude? Si l'on admet que l'obligation contractée par le débiteur ne lui enlève pas, pour l'avenir, la libre disposition de ses biens, comment lui défendre de

2

constituer des droits réels pour asseoir son crédit? Comment refuser une aliénation partielle quand on permet une aliénation totale?

Nous comprenons mieux la discussion sur le mode d'organisation du régime hypothécaire, et là encore le champ est assez large pour la controverse. Ce n'est pas ici le lieu d'entrer dans l'examen des diverses opinions qui se sont produites à ce sujet. Qu'il nous suffise de dire qu'aujourd'hui le principe de la publicité des hypothèques a gagné sa cause, et que le débat ne porte plus que sur le plus ou moins d'extension à donner à ce principe, en le faisant pénétrer dans les hypothèques légales des femmes et des mineurs, et dans l'aliénation des droits réels.

Dans notre ancienne législation, le système de la publicicité et de la spécialité des hypothèques ne se fit pas jour sans de rudes et difficiles épreuves. En France, comme autrefois à Rome, l'hypothèque était occulte de droit commun. Néanmoins dans le Nord, chez les Francs qui n'admettaient pas de droit réel sans un signe apparent, l'hypothèque ne pouvait être acquise que par le nantissement. Cette publicité, qui consistait dans l'inscription de l'hypothèque sur des registres spéciaux, fut favorisée plus tard par les seigneurs qui percevaient un droit sur chaque enregistrement. Plusieurs tentatives de réforme générale eurent lieu successivement; les édits de 1581, de 1606 et de 1673 en font foi; mais ce fut en vain. Pourquoi donc cette résistance à une innovation que réclamaient tous les bons esprits? Comment la puissance même de Louis XIV n'en triompha-t-elle pas? C'est que l'énorme crédit dont jouissaient tous les hommes puissants qui entouraient le trône, était au prix de la clandestinité! c'est que la publicité allait mettre à nu toutes les charges qui grevaient les biens de la noblesse, et ouvrir les yeux à ces citoyens crédules qui mettaient leur fortune entre ses mains, supposant la réalité partout où il y avait de l'éclat. Le génie prévoyant de Colbert dut s'incliner devant des réclamations parties de si haut, et l'édit de 1673 fut révoqué l'année suivante.

Un siècle s'écoula sans qu'il fût rien changé au régime hypothécaire. C'est alors qu'apparut l'édit de 1771; mais c'était là une réforme incomplète, puisque ce nouveau régime n'offrait que les moyens de conserver les hypothèques, sans avertir les tiers de celles qui existaient déjà.

Il était donné à la révolution d'entrer franchement dans la voie des réformes, et la loi du 9 messidor an III exigea que les priviléges et hypo—

thèques, pour produire quelque effet, fussent inscrits sur des registres publics. Cette loi, qui contenait de sages dispositions, renfermait aussi des innovations trop hardies qui firent obstacle à sa mise en pratique (1). Enfin la loi du 11 brumaire an vii fit un pas de plus que la précédente, en proclamant, à côté du principe de la publicité qu'elle maintenait, deux autres principes fondamentaux, la spécialité de l'hypothèque, et la nécessité de la transcription pour la transmission de la propriété.

Le Code civil, conçu en général dans un esprit de conciliation, et reculant devant les réformes extrêmes, n'admit pas dans toutes ses conséquences le système de la publicité. Pour que la protection promise par les lois aux femmes et aux mineurs ne perdît rien de son efficacité, leurs hypothèques furent dispensées d'inscription. Cette disposition semblait d'ailleurs conforme aux règles de la justice, et le premier consul avait à cœur de la faire prévaloir.

L'abandon du système de la loi de brumaire sur l'aliénation des droits réels est peut-être moins facile à justifier. Sans examiner ici si la nécessité de la transcription était ou non préférable en elle-même, nous signalerons ce fait : c'est que le Code civil avait été créé et rédigé dans la pensée du maintien de la transcription, c'est que plusieurs de ses dispositions s'aidaient de la publicité que la transcription imprimait aux actes d'aliénation, que, par conséquent son abolition, réalisée en quelque sorte subrepticement, a porté de graves atteintes à l'ensemble et à l'harmonie du Code civil.

Des priviléges et hypothèques en général.

Lorsqu'une personne est obligée envers une autre, pour quelque cause que ce soit, tous ses biens présents et à venir, meubles ou immeubles,

---

(1) L'art. 36 de cette loi permettait au propriétaire de prendre inscription sur lui-même jusqu'à concurrence des trois quarts du prix vénal de ses biens ; le conservateur lui délivrait des obligations cédulaires, transmissibles par endossement, et négociables comme des billets à ordre.

répondent, indépendamment de toute affectation spéciale, de l'exécution de son engagement. C'est là la principale sanction de la loi, car nous ne parlons pas ici de l'exécution forcée qui peut avoir lieu lorsque l'obligation a pour objet ou un fait déterminé, ou l'abstention d'un certain fait, pourvu qu'on n'attente pas, par des violences matérielles, à la liberté individuelle de la personne ; nous laissons également de côté la contrainte par corps, que notre législation, si intelligente des droits de l'homme et du prix de sa liberté, considère comme un sacrifice douloureux fait à certaines exigences sociales, et qu'elle n'autorise que dans de rares circonstances ; ce sont là des modes d'exécution tout à fait exceptionnels. La sanction ordinaire de toute obligation est celle que consacre l'art. 1092 du Code civil, qui a pour corollaire cette autre règle, que les biens du débiteur sont le gage commun de ses créanciers (v. art. 1093).

La nature de ce droit de gage, désigné ordinairement sous le nom de *gage imparfait,* n'est pas d'empêcher tout engagement ou toute aliénation ultérieurs ; il laisse en général le débiteur maître d'augmenter son passif par de nouveaux actes, pourvu qu'une intention frauduleuse ne le dirige pas (1167). D'un autre côté, le même droit de gage appartient sans distinction à tous les créanciers, en sorte que, si le débiteur devient insolvable, tous les créanciers, même les plus anciens, éprouvent une perte proportionnelle.

Pour échapper à ce double danger, il importe aux créanciers vigilants de pouvoir obtenir de leur débiteur des sûretés *réelles,* consistant dans l'affectation d'un ou de plusieurs de leurs biens au paiement de la dette, et qui leur permettent de se faire payer sur le prix en provenant, par préférence à tous autres créanciers. C'est aussi un devoir pour le législateur de venir, dans l'intérêt de la justice et de l'ordre public, créer pour certaines créances dignes de faveur une priorité sur les autres. De là les causes de préférence créées par le Code, c'est-à-dire les priviléges et les hypothèques.

Remarquons que ces deux causes de préférence sont effectivement les seules qui autorisent un créancier à se faire payer par préférence sur le prix des biens appartenant au débiteur commun ; mais il n'en faut pas conclure qu'il n'existe pas en droit d'autre affectation spéciale des biens du débiteur au paiement d'une dette. Cette affectation résulte encore du droit de rétention que le Code établit expressément dans plusieurs cas (v. art. 867, 1673, 1948), et qui, selon nous, existe en général au profit de tout débiteur ou détenteur d'un corps certain qui a des répétitions à exercer, lorsque ces répétitions sont relatives à la chose par lui possédée. Ce droit de rétention permet, à la vérité, au créancier de retenir la chose jusqu'à l'entier acquittement de la dette, mais il ne l'autorise pas à se faire payer par préférence sur le prix du bien vendu.

Quant au droit de gage, qui affecte la chose remise entre les mains du créancier, il est rangé parmi les priviléges ; et il est à remarquer que la place qu'il occupe dans l'art. 2102 constitue une dérogation à la règle, que le privilége ne dérive que de la loi, et qu'il n'est fondé que sur la qualité particulière de la créance.

Le privilége et l'hypothèque sont des droits de même famille ; ils sont tous deux indivisibles. Droits accessoires tous deux, ils ne peuvent exister indépendamment de la créance qu'ils protégent, mais ils dérivent de sources différentes. Les priviléges dérivent de la qualité de la créance, et, sauf l'exception relative au gage, ils sont une création de la loi ; leur caractère distinctif est de se classer d'après le degré de faveur que mérite la créance. Les hypothèques, au contraire, peuvent dériver non-seulement de la loi, mais encore d'un jugement ou d'une convention, et il est de leur essence de prendre rang par ordre de date.

Dans leurs effets, ces deux droits diffèrent encore, puisque le privilége est préférable à l'hypothèque ; dans leur objet, puisque le privilége peut porter sur les meubles comme sur les immeubles, tandis que l'hypothèque affecte les immeubles seulement.

Les priviléges et hypothèques confèrent au créancier deux droits bien distincts : 1° un droit de préférence ; 2° un droit de suite sur les immeubles. Le premier de ces deux droits devant seul nous occuper, nous parlerons successivement, et dans deux chapitres différents : 1° des priviléges au point de vue du droit de préférence ; 2° des hypothèques au point de vue du droit de préférence.

CHAPITRE PREMIER.

Des priviléges au point de vue du droit de préférence.

Le privilége, considéré sous ce point de vue, est un droit que la qualité de la créance donne à un créancier d'être préféré à tous autres créanciers, même hypothécaires.

Pour comprendre facilement cette préférence du privilége sur l'hypothèque, il faut remarquer que le privilége sur les immeubles se compose de deux éléments, savoir : un droit personnel attaché à la faveur de la créance, et un droit réel résultant d'une hypothèque tacite. Cette dernière vérité ressort clairement des termes de l'art. 2113.

Entre créanciers privilégiés, l'ordre de préférence est déterminé par le plus ou moins de faveur que la loi attache à leurs créances (art. 1096). A égalité de faveur, il y a concurrence (art. 1097).

Les priviléges sont généraux ou particuliers ; les premiers frappent les meubles et subsidiairement les immeubles ; les seconds s'étendent tantôt sur certains meubles, tantôt sur certains immeubles.

Aucune rivalité ne peut exister entre les priviléges sur les meubles et les priviléges sur les immeubles, puisqu'ils ne portent pas sur les mêmes objets. Mais le concours peut se présenter : 1° entre les priviléges généraux sur les meubles entre eux ; 2° entre les priviléges spéciaux sur les meubles entre eux ; 3° entre les priviléges généraux sur les meubles et les priviléges spéciaux sur les meubles ; 4° entre les priviléges spéciaux sur les immeubles entre eux ; 5° entre les priviléges généraux sur les immeubles et les priviléges spéciaux sur les immeubles.

§ 1er.

Concours des priviléges généraux sur les meubles entre eux.

Le Code civil reconnaît cinq classes de priviléges généraux sur les meubles, et leur rang se trouve déterminé par l'ordre même de l'énumération (v. art. 2101). Mais ces priviléges ne sont pas les seuls; il faut y ajouter ceux du trésor public :

1° Pour le recouvrement des contributions directes autres que la foncière (1), et des droits de timbre (2). Ce privilége s'exerce avant tous autres, à l'exception toutefois des frais de justice qui sont moins un privilége qu'un prélèvement sur le prix des biens vendus (v. art. 657 du Cod. de proc.).

2° Pour droits de douane; ce privilége est primé par le précédent, par ceux de l'art. 2101 et par les loyers de six mois (3).

3° Pour contributions indirectes ; ce privilége est préféré à tous autres, à l'exception des frais de justice et des loyers de six mois (4). Mais comme la présence de la régie ne peut avoir pour effet de faire passer les loyers avant les frais funéraires et autres, il faut décider que la régie prendra rang aussitôt après les frais de justice, mais qu'elle cédera son droit, jusqu'à due concurrence, au créancier des loyers, sauf à être subrogée aux droits de ce dernier, pour s'indemniser de ce qu'elle a versé entre ses mains.

4° Pour frais de poursuite en matière criminelle, correctionnelle et de police. Ce privilége ne s'exerce qu'après les priviléges généraux et spéciaux des art. 2101 et 2102, et même après le paiement des sommes dues pour la défense de l'accusé (5). Il semble bien résulter de cette dernière disposition que les frais de défense sont privilégiés ; mais le sont-ils dans tous les cas, ou bien seulement lorsqu'ils sont en présence du privilége du trésor? On doit décider, selon nous, que l'existence d'un privilége ne peut dépendre d'une pareille circonstance, et nous n'hésitons pas à admettre que le privilége du défenseur a lieu dans tous les cas, mais qu'il ne doit s'exercer qu'après tous ceux qui sont énumérés par le Code civil.

5° Enfin le trésor a un privilége général sur les meubles des comptables.

(1) L. du 12 novembre 1808, art. I-2°.
(2) L. du 28 avril 1816, art. 76.
(3) L. du 22 août 1791 et du 4 germinal an II.
(4) L. du 1er germinal an XIII.
(5) L. du 5 septembre 1807, art. 1 et 2.

Ce privilége, comme le précédent, ne s'exerce qu'après les priviléges énumérés dans les art. 2101 et 2102 du Code civil (1).

§ 2.

Concours des priviléges spéciaux sur les meubles entre eux.

Les priviléges spéciaux sur les meubles sont très nombreux ; outre ceux qui sont énumérés dans l'art. 2102, il en est qui sont créés par des lois particulières.

Ainsi, 1° le trésor public a privilége pour la contribution foncière sur les revenus des immeubles affectés à cette contribution (2);

2° Le trésor public a privilége pour droits de succession, sur les revenus des immeubles, objet de la mutation (3) ;

3° Le prêteur de deniers pour un cautionnement a privilége sur le cautionnement (4).

L'article 2102 règle l'ordre de préférence entre le privilége du locateur et celui du vendeur d'effets mobiliers ; ce dernier n'est préféré que dans deux cas : 1° sur les récoltes, pour le prix des semences ; 2° sur tout autre objet mobilier, lorsque le locateur savait que le prix en était encore dû.

Le locateur est encore primé, sur les ustensiles, par ceux à qui sont dus des frais de réparations ; et, sur les récoltes, par ceux à qui sont dus des frais de récolte, autres que le prix d'achat des semences (art. 2102-1°, al. 4).

Le privilége du locateur ne peut en aucun cas se trouver en concurrence avec celui du gagiste , puisque ces deux priviléges reposent tous deux sur la possession, et que la même chose ne peut être à la fois chez l'un et chez l'autre. Par la même raison, la concurrence ne peut exister

(1) L. du 5 septembre 1807, art. 2.
(2) L. du 12 novembre 1808.
(3) L. du 22 frimaire an VII.
(4) Décrets des 28 août 1808 et 22 décembre 1812. L. des 25 ventôse an XI et 25 nivôse an XIII,

non plus entre le locateur et l'aubergiste, sur les meubles qui garnissent la maison ou la ferme.

Le créancier gagiste ne peut pas davantage se trouver en lutte ni avec l'aubergiste, ni avec le vendeur de l'objet mis en gage, puisque ce dernier ne peut exercer son privilége qu'autant que la chose vendue est encore entre les mains de l'acheteur.

Enfin, il est clair que le privilége sur le cautionnement pour *faits de charge* ne peut concourir avec aucun des priviléges particuliers sur les meubles, celui des frais de justice excepté. Son rang, à l'égard des bailleurs de fonds, est réglé par la loi du 25 nivôse, an XIII.

Quant au privilége du trésor public, son rang est clairement déterminé par les lois qui l'établissent.

Il reste donc à régler, dans le silence de la loi, le rang de tous les autres priviléges particuliers entre eux. A cet égard, la seule marche à suivre, c'est de remonter au principe d'établissement des divers priviléges, et de les classer chacun suivant la faveur de sa cause.

Et d'abord, nous remarquons que les priviléges dont il est ici question se rattachent tous à l'une de ces trois causes : la gestion d'affaires, la possession ou la propriété.

1° *Gestion d'affaires*. — Elle résulte d'actes faits dans l'intérêt de la masse des créanciers; tels sont les frais de justice, et les frais faits pour la conservation de la chose.

2° *Possession*. — C'est d'elle que dérivent les priviléges du locateur, du gagiste, du voiturier, de l'aubergiste, et le privilége du trésor sur le cautionnement, pour *faits de charge*.

3° *Propriété*. — Elle est le fondement du privilége du vendeur sur la chose vendue, et de celui du bailleur de fonds sur le cautionnement.

Il est d'autres priviléges qui tiennent leur faveur de la volonté spéciale de la loi, comme ceux du trésor, mais ils sont en quelque sorte hors du droit commun.

Cela posé, il nous semble que l'équité réclame pour le *negotiorum gestor* la priorité sur tous les autres privilégiés, à l'exception de ceux dont les droits ont pris naissance depuis que des frais ont été faits pour la conservation de la chose. Il est clair, en effet, que ces derniers créanciers

3

n'ont pas à tenir compte de frais de conservation faits à une époque où leurs priviléges n'existaient pas.

Nous placerons au second rang les priviléges qui reposent sur la possession. On sait, en effet, que la possession jouit des plus hautes pérogatives aux yeux de la loi, et qu'à l'égard des meubles, elle prévaut même sur le droit de propriété. Au reste, il est juste que la priorité que nous reconnaissons au créancier nanti, sur celui qui invoque un droit de propriété, se restreigne au cas où le premier n'aura pas eu connaissance de la cause de préférence qui peut militer en faveur du second.

Comme les diverses combinaisons d'intérêt peuvent varier à l'infini, il arrivera que les causes de faveur, dont nous avons parlé, tantôt se combattront, et tantôt se prêteront un mutuel appui ; ainsi telle créance qui en primera une autre dans tel cas, sera primée par celle-ci dans un autre concours de circonstances. On comprend facilement à combien de difficultés ces complications donneront lieu dans la pratique ; mais c'est une raison de plus pour se rattacher à des principes invariables, et il nous semble que ceux établis plus haut seront le guide le plus sûr pour arriver à un classement des priviléges conforme au vœu de la loi.

§ 3.

Concours entre les priviléges généraux et les priviléges spéciaux sur les meubles.

Les auteurs sont très-partagés sur la question de savoir si les priviléges généraux doivent ou non avoir la préférence sur les priuilèges spéciaux.

Ceux qui sont pour l'affirmative présentent les considérations suivantes : De ce que la loi a voulu que les priviléges généraux s'étendissent sur tous les meubles et subsidiairement sur tous les immeubles, il résulte qu'elle les a considérés comme les premiers de tous les priviléges, comme les plus dignes de faveur ; ils reposent d'ailleurs sur des considérations de haute moralité, tandis que les priviléges spéciaux sont fondés sur des raisons de crédit particulier et de spéculation. D'un autre côté, ajoute-t-on, les priviléges généraux sont préférés sur les immeubles au priviléges spéciaux sur ces mêmes immeubles (v. article 2105); or, comment cette priorité, qu'ils ont sur les priviléges spéciaux sur les immeubles, leur serait-elle refusée sur les priviléges spéciaux sur les meubles? Enfin, dans tous les temps, les frais funéraires et même les frais de justice ont été préférés à toute autre créance sur tous les biens quelconques, meubles ou immeubles; et le Code civil ayant compris dans la même classe d'autres priviléges, il faut en conclure qu'il a entendu accorder aux uns et aux autres une préférence sur les priviléges spéciaux.

D'autres pensent, au contraire, que les priviléges spéciaux doivent l'emporter; ils se prévalent des art. 2071 et 2082 du Code civil, desquels il résulte que le créancier gagiste est investi du gage, et qu'il n'est tenu de s'en dessaisir qu'après avoir été entièrement payé. Les art. 661 et 662 du Code de procédure civile fournissent encore un argument aux partisans de cette opinion; la préférence que ces articles donnent à la créance des loyers sur celle des frais de poursuite, doit s'étendre, selon eux, aux autres créances de l'art. 2101 que la loi a mises sur la même ligne.

A notre avis, ce n'est pas à la généralité ni à la spécialité des priviléges qu'il faut s'attacher pour déterminer leur rang respectif, mais uniquement à la faveur de leur cause. Or, les motifs d'humanité et d'ordre public sur lesquels reposent les priviléges énumérés aux n°s 2, 3, 4 et 5 de l'art. 2101 nous semblent devoir fléchir devant les textes positifs du Code civil (art. 2079 et 2078), et du Code de procédure (art. 661 et 662). Quant à l'art. 2105 du Code civil qui ne consacre la priorité des priviléges généraux sur les priviléges spéciaux que sur les immeubles, nous prétendons en tirer un argument *à contrario* en faveur de notre opinion, d'autant plus qu'il est très-rationnel de faire une différence entre les deux cas; en effet, la préférence accordée par la loi aux priviléges de l'art. 3101 sur ceux de l'art. 2103, n'est pas ou est peu nuisible aux créanciers primés, car, d'une part, ils ne le sont qu'autant que les meubles sont insuffisants pour désintéresser les créanciers de l'art. 2101, et, d'autre part, la valeur que ceux-ci leur enlèvent est toujours assez minime, comparativement à la valeur importante des immeubles. Au contraire, la même préférence accordée aux créanciers de l'art. 2101 sur ceux de l'art. 2102 serait ruineuse pour ceux-ci, et les réduirait le plus souvent au rang des créanciers chirographaires.

§ 4.

Concours entre les priviléges spéciaux sur les immeubles entre eux.

Les priviléges spéciaux sur les immeubles sont énumérés par l'art. 2103 du Code civil. Il faut y joindre le privilége du trésor public sur les immeubles acquis à titre onéreux par les comptables, postérieurement à leur nomination, et ceux acquis par leurs femmes, au même titre et depuis la même époque. Ce privilége nous paraît plus spécial que général, puisqu'il est loin, comme on le voit, d'affecter tous les immeubles du comptable. Au surplus, il ne peut s'élever de difficulté sur le classement de ce privilége ; il ne s'exerce, d'après la loi du 6 septembre 1807, qu'après les priviléges des art. 2101 et 2102.

Quant aux créanciers et légataires qui demandent la séparation des patrimoines, ils ne jouissent d'aucun privilége relativement aux créanciers même chirographaires du défunt, puisque c'est dans leur intérêt à tous que le droit de séparation de patrimoines a été établi ; mais il semble que, d'après l'art. 818 du Code civil, ils doivent primer en général tous les créanciers même privilégiés de l'héritier.

Nous n'avons donc à déterminer que l'ordre de préférence entre les cinq priviléges particuliers énumérés dans l'art. 2103 ; encore faut-il les réduire à trois, puisque les deux priviléges des bailleurs de fonds ne consistent que dans l'attribution qui leur est faite du privilége du vendeur ou de celui des ouvriers. Que si les bailleurs de fonds se trouvent en concours avec le vendeur lui-même ou les ouvriers non intégralement payés, l'ordre de préférence doit se régler d'après l'art. 1252 du Code civil.

Cela posé, reconnaissons que le privilége des ouvriers ne s'exerçant que sur la plus-value résultant de leurs travaux, il est juste que cette plus-value leur soit attribuée exclusivement, sans que le vendeur ou le copartageant puissent s'en plaindre. La plus-value doit être appréciée d'après la valeur de l'immeuble au moment de l'adjudication, comparée à ce qu'elle était avant les travaux ; elle est indépendante des déchets dont le vendeur ou le copartageant sont passibles par suite de la détérioration de la chose. Nous rejetons, à cet égard, l'opinion de ceux qui veulent que, si le prix est insuffisant pour désintéresser l'ouvrier et le vendeur, la perte soit supportée par l'un et l'autre, en proportion du montant de leurs créances.

Que si le concours a lieu entre un vendeur et un copartageant, la nature de leurs priviléges étant identique, la priorité doit se régler entre eux comme entre plusieurs vendeurs, c'est-à-dire par l'ordre successif.

§ 5.

Concours entre les priviléges généraux et les priviléges spéciaux sur les immeubles.

Les priviléges généraux sur les immeubles sont ceux énumérés dans l'art. 2101. Les mêmes motifs qui les ont fait établir sur la généralité des meubles les font porter également sur la généralité des immeubles. Toutefois ce n'est que subsidiairement, et en cas d'insuffisance du mobilier pour les remplir, que ces priviléges peuvent s'exercer sur les immeubles ; mais alors la loi leur accorde la préférence sur les priviléges spéciaux de l'art. 2103.

Néanmoins, le privilége général du trésor public sur les biens des condamnés pour le recouvrement des frais ne s'exerce qu'après les priviléges spéciaux, et ne prime pas même indistinctement les hypothèques antérieures (1).

CHAPITRE II.

Des hypothèques au point de vue du droit de préférence.

Le droit de préférence qui résulte de l'hypothèque consiste à se faire payer sur le prix de l'immeuble hypothéqué, avant tous créanciers chirographaires, et même avant les créanciers hypothécaires d'un rang inférieur.

De même que les priviléges spéciaux sur les immeubles, les hypo—

(1) L. du 5 septembre 1807.

thèques n'ont d'efficacité qu'autant qu'elles ont été rendues publiques par une inscription prise dans les formes tracées par la loi. Mais tandis que la date de l'inscription n'a aucune influence sur le rang des priviléges entre eux, le rang des hypothèques entre elles dépend uniquement de la priorité de l'inscription. Ainsi, peu importe l'époque où la constitution d'hypothèque a eu lieu, les créanciers ne doivent en tenir compte entre eux que suivant la date de l'émission des inscriptions, car elles seules les avertissent des charges qui pèsent sur le débiteur, et du crédit qu'ils peuvent lui accorder. Cette règle est générale et s'applique à l'hypothèque soit légale, soit judiciaire, soit conventionnelle, sauf l'exception admise par la loi en faveur des hypothèques légales des mineurs, interdits et femmes mariées.

L'exception ne consiste pas à dispenser entièrement ces dernières hypothèques de la formalité de l'inscription. Afin que ces hypothèques ne restassent pas complétement ignorées du public, la loi a imposé à certaines personnes *l'obligation*, et accordé à d'autres *la faculté* d'en requérir l'inscription ; mais le défaut d'inscription ne peut jamais nuire aux mineurs, interdits et femmes mariées; que leur hypothèque soit inscrite ou qu'elle ne le soit pas, elle a toujours le rang qui lui est assigné par l'article 2135.

La dispense d'inscription subsiste même après la dissolution du mariage ou la fin de la tutelle, bien qu'il n'y ait aucune raison particulière pour favoriser un mineur devenu majeur ou une femme devenue veuve ; cette décision, qui résulte déjà du silence de la loi, a d'ailleurs été confirmée par un avis du conseil d'état du 8 mai 1812.

Le rang de l'hypothèque légale des mineurs, interdits et femmes mariées est réglé, comme on va le voir, suivant plusieurs distinctions qui aboutissent en général à faire dater l'hypothèque du jour auquel naît ou remonte l'obligation qui y donne lieu.

§ 1er.

Du rang de l'hypothèque des mineurs et interdits.

Cette hypothèque remonte au jour de l'acceptation de la tutelle (v. art. 2135-1°); il est vrai que l'art. 2154 veut qu'on la règle par la date de l'entrée en fonctions du tuteur ; mais il faut coordonner cet article avec les principes généraux, auxquels il n'a certainement pas voulu déroger. Or, c'est du jour de l'acceptation de la tutelle que commence la responsabilité du tuteur, et l'hypothèque du mineur n'a été créée que pour que cette responsabilité ne fût pas illusoire.

L'acceptation de la tutelle a lieu, pour le tuteur légitime ou testamenmentaire, du jour où il a eu connaissance de l'événement qui l'investit des fonctions de tuteur (v. art. 390, 402 et 506 du Code civil) ; pour les tuteurs nommés par le conseil de famille, du jour de leur nomination, lorsqu'elle a eu lieu en leur présence et sans réclamations de leur part, ou, s'ils sont absents, du jour où la délibération du conseil de famille leur a été notifiée (v. art. 418 du Code civ.).

§ 2.

Du rang de l'hypothèque légale des femmes mariées.

L'hypothèque légale de la femme mariée s'étend à tous ses apports matrimoniaux, à tous ses droits et reprises, à ses gains nuptiaux et à ses paraphernaux ; elle peut s'en prévaloir sous quelque régime qu'elle soit mariée, fût-elle même séparée de biens : c'est ce qui résulte des termes généraux de l'art. 2121.

Mais l'hypothèque légale créée pour tous ces objets est-elle, dans tous les cas, affranchie de l'inscription ? Cette question a donné lieu à de sérieuses controverses. On a soutenu que la dispense d'inscription ne concernait pas les biens paraphernaux, que les termes de l'art. 2135 ne se prêtaient pas à une pareille extension, et que, si la loi n'avait parlé que de la dot et des sommes dotales, c'est qu'évidemment elle avait entendu exclure de sa disposition les sommes et biens extra-dotaux.

Cette opinion nous paraît démentie par les art. 2140, 2144, 2193 et 2195, dans lesquels l'hypothèque de la femme pour *dot, reprises* et *conventions matrimoniales,* est toujours considérée comme dispensée d'inscription ; or, les sommes et biens paraphernaux forment évidemment une *reprise* de la femme, le mot *reprise,* dans son acception générale, étant toujours appliqué à tout ce que la femme a le droit de réclamer de son mari. D'ailleurs les raisons qui ont fait dispenser d'inscription l'hypothèque de la femme pour sa dot, existent au même degré relativement aux sommes paraphernales dont le mari aurait touché le montant.

Le rang de l'hypothèque de la femme varie suivant la nature de la créance dont elle est l'accessoire ; ainsi, aux termes de l'art. 2135, l'hypothèque pour raison de la dot et des conventions matrimoniales remonte au jour du mariage. Ces mots *jour du mariage*, pris dans leur sens grammatical, ne peuvent s'entendre que du jour de la célébration du mariage ; mais est-ce bien là le sens qu'il faut attacher aux expressions de la loi ? ou bien, au contraire, lorsqu'il y a un contrat de mariage antérieur au mariage, n'est-ce pas à la date de ce contrat que doit remonter l'hypothèque ? Cette question a été diversement résolue. Dans l'ancienne jurisprudence, c'était le contrat de mariage qui servait de point de départ à l'hypothèque, et quelques auteurs modernes, M. Troplong notamment, soutiennent que, sous l'empire du Code civil, la solution doit être la même. Ils invoquent à l'appui de leur opinion les art. 2194 et 2195, qui se servent des mots *jour du contrat de mariage, date du contrat de mariage ;* ils puisent un autre argument dans l'art. 1404, qui suppose que la communauté existe, aux yeux de la loi, dès le jour du contrat de mariage ; enfin ils reculent devant le danger que courrait la femme, si l'on permettait au mari, dans l'intervalle qui peut séparer le contrat de mariage de la célébration du mariage, de vendre ou d'hypothéquer ses biens, de manière à priver la femme des sûretés de sa dot et de ses conventions matrimoniales.

Quel que soit le mérite des raisons sur lesquelles elle se fonde, cette interprétation ne nous paraît pas conforme à l'esprit de la loi. En effet, l'art. 2135, qui est seul destiné à régler le rang de l'hypothèque de la femme, nous paraît par là même devoir l'emporter sur les énonciations des art. 2194 et 2195. Quant à l'argument tiré du danger qui peut résulter pour la femme de la non rétroactivité de son hypothèque, on peut y faire une réponse décisive : c'est que la femme ou ses parents peuvent éviter le danger, en ayant soin de ne pas laisser d'intervalle entre le contrat et la célébration du mariage, tandis que les tiers qui contracteraient avec le futur époux, dans l'intervalle qu'on laisserait entre ces deux actes, peuvent

très bien, surtout si cet intervalle était long, ignorer l'existence du contrat, et se voir ainsi enlever les garanties sur lesquelles ils avaient dû
compter. Sous une législation qui repose sur le principe de la publicité de
l'hypothèque, toute dérogation à ce principe doit être restreinte dans
d'étroites limites. Par ces motifs, nous n'hésitons pas à nous renfermer
dans les termes de l'art. 2135, qui, sans distinguer s'il y a ou non contrat
de mariage, fait remonter l'hypothèque de la femme au jour de la célébration du mariage.

Les mots *conventions matrimoniales,* dont se sert l'art. 2135, doivent
s'entendre de tous les avantages que la femme a stipulés dans le contrat
de mariage, tels que préciput, gains de survie, etc. Quant au mot *dot,* il ne
comprend que l'apport fait par la femme, au moment du mariage ; ce qui
le prouve c'est que, aux termes de l'art. 2135-2°, al. 2, les biens dotaux
qui ne sont acquis que postérieurement à cette époque, n'obtiennent hypothèque qu'à mesure des acquisitions. A cet égard, le Code civil n'a pas
suivi les principes de l'ancienne jurisprudence, d'après lesquels le mari
était considéré comme obligé dès le principe, sous une condition qui ne
dépendait pas entièrement de sa volonté. Pour ménager le crédit du mari,
notre législateur a voulu que, à l'égard des sommes provenant de succession
et de donation, l'hypothèque légale ne datât que du jour de l'ouverture de
la succession, ou du jour que la donation aurait eu son effet, c'est-à-dire,
selon nous, du jour que le donataire aurait eu le droit de percevoir les
sommes données.

Les successions et donations échues pendant le mariage ne sont pas les
seules causes qui puissent donner lieu à une augmentation de la dot;
d'autres éventualités peuvent se présenter, et, à leur égard, on suivra, par
analogie, les règles tracées par le Code pour le cas où il s'agit de succession
ou donation.

L'hypothèque de la femme pour l'indemnité des dettes qu'elle a contractées avec son mari remonte à l'époque où ces dettes ont pris naissance (v. art. 2135-2°, al. 3). Ici encore le Code civil a considéré que l'hypothèque ne devait pas précéder l'obligation dont elle n'était que
l'accessoire. D'ailleurs, en faisant remonter l'hypothèque au jour du mariage, ainsi que cela se pratiquait dans l'ancienne jurisprudence, on
exposait les créanciers du mari à des fraudes évidentes ; enfin c'était

4

placer le mari en quelque sorte à la merci de la femme, puisque, sans l'obligation de celle-ci, il trouvait difficilement à emprunter la plus faible somme.

Toujours par suite du principe que notre Code a consacré, l'hypothèque de la femme, pour le remploi de ses propres aliénés, n'a de rang que du jour de la vente faite par le mari (v. art. 2135-2°, al. 3). Remarquons au reste que la même décision ne serait pas applicable à l'aliénation d'un fonds dotal faite par le mari ; en effet, dès le jour du mariage, le mari est responsable de la dot de sa femme, et, par conséquent, l'hypothèque qui grève ses biens pour sûreté de cette dot, doit remonter à la même époque. Mais ce que la loi dit de l'aliénation des propres doit certainement s'appliquer à celle des paraphernaux qui sont, comme nous l'avons dit, de véritables propres.

Quant aux sommes paraphernales dont le mari peut se trouver dépositaire, l'hypothèque de la femme ne datera que du jour de leur réception entre les mains du mari. Ce point ne peut faire difficulté, c'est d'ailleurs l'application du principe que l'hypothèque ne doit pas précéder l'obligation.

DROIT COMMERCIAL.

DE L'INFLUENCE DE LA FAILLITE SUR LES PRIVILÉGES ET HYPOTHÈQUES.

La faillite est l'état d'un commerçant qui a cessé ses paiements. C'est aux tribunaux qu'il appartient de déclarer l'existence de cet état; ils doivent aussi déterminer à quelle époque a commencé, par une cessation de paiements, cette faillite dont ils reconnaissent l'existence.

Outre les incapacités civiques, civiles ou commerciales qu'elle entraîne, la faillite a pour effet, du jour où elle est déclarée, de dessaisir le débiteur de l'administration de ses biens. Ce dessaisissement n'a pas pour effet de mettre le failli en état d'interdiction; il ne lui enlève pas la faculté de contracter ou de plaider; mais les actes qu'il peut faire sont sans effet, à l'égard des biens dont, par suite du dessaisissement, ses créanciers se trouvent en quelque sorte nantis. D'un autre côté, pour éviter les fraudes que les approches de la faillite rendraient nécessairement fréquentes, le législateur a frappé d'une nullité radicale certains actes, lorsqu'ils n'ont eu lieu que depuis la cessation des paiements ou dans les dix jours précédents; et il a permis d'annuler les autres actes faits depuis la cessation des paiements, s'il est prouvé qu'en traitant avec le débiteur, les tiers connaissaient le mauvais état de ses affaires.

Appliquons ces principes aux priviléges et hypothèques qui ont pris naissance dans les dix jours qui ont précédé la cessation des paiements, ou depuis cette cessation jusqu'au jugement déclaratif. Quant à ceux qui sont postérieurs à ce jugement, ils ne peuvent avoir, par suite du dessaisissement, aucun effet à l'égard des biens du failli.

Les priviléges ou hypothèques pour dettes antérieurement contractées (c'est-à-dire contractées avant la constitution du privilége ou de l'hypothèque, et indépendamment de cette garantie), sont nuls et de nul effet, lorsqu'ils ont été concédés depuis la cessation des paiements, ou dans les dix jours précédents (v. art. 446 du Code de comm.).

Cette disposition n'étant fondée que sur un juste motif de suspecter la légitimité du droit concédé, il est clair qu'elle ne doit pas être appliquée aux hypothèques légales, non plus qu'aux priviléges qui, attachés à la faveur de la créance, prennent toujours naissance en même temps que cette créance elle-même. Ainsi, parmi les priviléges, celui du créancier gagiste pourra seul encourir la déchéance de l'art. 446, puisque, de tous les priviléges, il est le seul qui doive son existence à une convention, et qui puisse ne pas naître en même temps que la créance.

On sait que les hypothèques et les priviléges immobiliers n'existent en général à l'égard des tiers qu'autant qu'ils ont été rendus publics par une inscription. D'après cela, et dans la rigueur des principes, il semble que les hypothèques et les priviléges inscrits depuis la cessation des paiements ou dans les dix jours précédents, quoique résultant de titres plus anciens, devraient être sans effet; c'est en effet ce que décidait l'art. 443 du Code de commerce de 1808; mais la loi de 1838 n'a pas cru devoir pousser la précaution aussi loin. D'après l'art. 448 de cette loi, les priviléges et hypothèques valablement acquis, soit avant, soit après la cessation des paiements, peuvent être inscrits jusqu'au jour du jugement déclaratif de la faillite; seulement leur inscription peut être annulée, lorsqu'il s'est écoulé plus de quinze jours entre l'acquisition du droit et son inscription. A cet égard, les tribunaux doivent apprécier si l'inscription a été retardée par des circonstances fortuites, ou si elle l'a été frauduleusement; enfin, si le retard a préjudicié ou non à la masse. Quant au renouvellement des inscriptions, il ne peut éveiller aucune idée de fraude et de préjudice, puisqu'il ne fait que conserver des droits antérieurement acquis, sans en conférer de nouveaux; il pourra donc être réalisé à quelque époque que ce soit.

Une fois la faillite déclarée, les créanciers sont privés du droit de faire individuellement des poursuites à raison de leurs créances; cette règle souffre exception à l'égard des créanciers hypothécaires ou privilégiés, qui sont placés en quelque sorte en dehors de la faillite, relativement au gage sur le prix duquel ils doivent être payés avant tous autres. Toutefois les voies d'exécution pour parvenir au paiement des loyers, sur les effets mobiliers servant à l'exploitation du commerce du failli, sont suspendues pendant trente jours à partir du jugement déclaratif de la faillite (v. article 450). Grâce à ce délai, les créanciers auront le temps de s'entendre pour désintéresser le propriétaire, et se ménageront ainsi les moyens de continuer l'exploitation du failli. Au reste, si le locateur était en droit de reprendre possession des lieux loués, la suspension des poursuites cesserait de plein droit, puisqu'elle n'aurait plus de cause.

Les créanciers privilégiés ou hypothécaires sont soumis comme tous les autres à l'affirmation et à la vérification de leurs créances. La loi n'a pas dû faire de distinction, puisque la préférence qui s'attache à une créance ne lui confère pas un caractère plus certain, quant à son existence et à sa valeur. Conséquemment, ces créanciers ne seraient pas admis à prendre part au prix des biens vendus avant d'avoir rempli cette formalité ; et même, s'ils avaient gardé un silence absolu au moment de la vérification et de l'affirmation des créances, ce silence, rapproché d'autres circonstances, pourrait les faire considérer comme ayant renoncé à leur privilége.

Le créancier, dont le privilége ou l'hypothèque seulement serait contesté, devrait être admis dans les délibérations de la faillite comme créancier ordinaire. Que si c'était la créance elle-même qui fût contestée, il aurait comme tout autre le droit d'être admis provisoirement par le tribunal ; et remarquons que ces sortes de contestations, qu'elles portent sur l'existence même de la créance, ou seulement sur son caractère privilégié, doivent être jugées, savoir : par le tribunal de commerce, si la créance est commerciale, et par le tribunal civil, si elle est étrangère au commerce.

Pour régler les droits des différents créanciers du failli, il importe de distinguer quelle est la qualité de chacun d'eux. Ainsi, les créanciers nantis de gages ne concourent avec la masse de la faillite que dans le cas où la valeur de leurs gages serait insuffisante pour les désintéresser. Ils peuvent, à toute époque, si le gage n'est pas retiré par les syndics, faire vendre ce gage en se conformant aux règles des art. 2078 et suivants du Code civil, et retenir le prix jusqu'à concurrence de ce qui leur est dû, sauf à abandonner l'excédant, s'il y en a, à la masse de la faillite.

Les autres créanciers privilégiés sur les meubles doivent être payés sur les premiers deniers rentrés (v. art. 551), et, dans tous les cas, les sommes provenant du prix des meubles affectés à leurs priviléges doivent être prélevées à leur profit, jusqu'à concurrence de ce qui leur est dû.

C'est ici le lieu de remarquer que le privilége établi par l'art. 2101 du Code civil, pour le salaire des gens de service, a été étendu par la loi de 1838, mais pour un mois seulement, au salaire des ouvriers employés directement par le failli ; la même loi accorde un privilége analogue aux commis, pour leur salaire des six derniers mois (v. art. 549).

Une innovation plus importante est apportée au droit commun par l'art. 550, qui décide que le privilége et le droit de revendication établis par le n° 4 de l'art. 2102 du Code civil ne sont point admis en matière de faillite. Cette décision est équitable, car rien n'était plus contraire à la sûreté des relations commerciales que ce privilége latent, qui venait tout d'un coup anéantir les garanties mobilières sur la foi desquelles les tiers consentaient à traiter avec un commerçant. Tout ce que la loi commerciale accorde au vendeur d'effets mobiliers, c'est le droit de les revendiquer dans les circonstances que détermine l'art. 576.

L'hypothèque légale de la femme mariée, telle qu'elle est établie par le Code civil, éprouve des restrictions fort importantes, par suite de l'état de faillite de son mari.

Avant le Code civil, sous l'empire de l'ordonnance de 1673, la faillite du mari ne portait aucune atteinte aux droits et avantages que la femme pouvait prétendre recueillir d'après son contrat de mariage. Mais les nombreux scandales qui suivirent cet état de choses, et qui éclatèrent principalement à la fin du xviiie siècle, frappèrent l'esprit des rédacteurs du Code de 1808, et surtout celui du premier consul. Aussi les vit-on déployer, pour remédier à ces abus, des sévérités qui firent fléchir trop souvent les intérêts de famille que le contrat de mariage a pour but de consacrer. La loi de 1838 adoucit un peu ces rigueurs, et replaça, en certains points, les droits des femmes sous l'empire de la loi commune.

Nous voyons, dans l'article 563, que la faillite du mari modifie l'hypothèque légale de la femme, 1° pour les créances résultant des effets mobiliers qu'elle a apportés en dot ou qui lui sont advenus depuis le mariage par successions, et donations entre vifs ou testamentaires, et dont elle peut prouver la délivrance ou le paiement par acte ayant date certaine ; 2° pour le remploi de ses biens aliénés ; 3° pour l'indemnité des dettes par elle contractées avec son mari. Dans ces différents cas, la loi commerciale veut que l'hypothèque de la femme frappe uniquement les immeubles que le mari avait au moment du mariage, et ceux qui lui sont advenus depuis, soit par successions, soit par donations entre vifs ou testamentaires. Mais cette restriction n'a lieu qu'autant que le mari serait commerçant lors de la célébration du mariage, ou que, n'ayant pas alors de profession déterminée, il serait devenu commerçant dans l'année qui aurait suivi cette célébration. Dans la même hypothèse, la femme ne peut non plus se prévaloir des donations que son mari lui aurait faites par contrat de mariage, et par conséquent elle est privée de l'hypothèque que la loi commune lui permet d'invoquer en pareil cas. En sens inverse, les créanciers du mari ne peuvent pas davantage se prévaloir des donations faites par la femme à son mari dans le même contrat (v. art. 564).

Dans tous les cas, c'est à ceux qui invoquent contre la femme l'application des art. 563 et 564, à prouver que le mari était commerçant aux époques indiquées. A cet égard, on doit suivre les règles qui servent de guide pour savoir si un individu est négociant, et s'il y a lieu, à ce titre, de le déclarer en faillite.

Ne perdons pas de vue que les femmes mariées à des commerçants restent sous l'empire du droit commun, en tant que créanciers chirographaires, et que les articles 563 et 564 ne sont applicables qu'à l'existence et à l'exercice de leur hypothèque.

Remarquons enfin que ces dispositions n'ont été introduites qu'en faveur des créanciers de la faillite, et que le droit commun est seul applicable au mari et à ses héritiers ou ayants-cause, autres que les créanciers de la faillite.

Vu :

MORELOT.

Besançon, imprimerie de Sainte-Agathe.

www.ingramcontent.com/pod-product-compliance
Lightning Source LLC
Chambersburg PA
CBHW060459200326
41520CB00017B/4854